BEI GRIN MACHT SICH IHR WISSEN BEZAHLT

AF167945

- Wir veröffentlichen Ihre Hausarbeit, Bachelor- und Masterarbeit

- Ihr eigenes eBook und Buch - weltweit in allen wichtigen Shops

- Verdienen Sie an jedem Verkauf

Jetzt bei www.GRIN.com hochladen und kostenlos publizieren

Bibliografische Information der Deutschen Nationalbibliothek:

Die Deutsche Bibliothek verzeichnet diese Publikation in der Deutschen National-
bibliografie; detaillierte bibliografische Daten sind im Internet über http://dnb.d-
nb.de/ abrufbar.

Impressum:

Copyright © 2019 GRIN Verlag
Druck und Bindung: Books on Demand GmbH, Norderstedt Germany
ISBN: 9783346067937

Dieses Buch bei GRIN:

https://www.grin.com/document/507548

Laura Bogdanow

Essay über Andreas Reckwitz' "Die Gesellschaft der Singularitäten"

GRIN Verlag

GRIN - Your knowledge has value

Der GRIN Verlag publiziert seit 1998 wissenschaftliche Arbeiten von Studenten, Hochschullehrern und anderen Akademikern als eBook und gedrucktes Buch. Die Verlagswebsite www.grin.com ist die ideale Plattform zur Veröffentlichung von Hausarbeiten, Abschlussarbeiten, wissenschaftlichen Aufsätzen, Dissertationen und Fachbüchern.

Besuchen Sie uns im Internet:

http://www.grin.com/

http://www.facebook.com/grincom

http://www.twitter.com/grin_com

Einleitung: Die Explosion des Besonderen (Seite 7-25)

Reckwitz stellt eine Gesellschaft der Einzigartigkeiten vor, in der das Allgemeine an Wert verliert und das Besondere an Wert gewinnt (vgl. Reckwitz 2018: 14). Güter sind nicht mehr rein durch ihre Funktionalität geprägt, sondern haben einen kulturellen Wert und eine affektive Bedeutung (vgl. ebd.: 8). Der industrielle Kapitalismus wandelte sich in einen kulturellen Kapitalismus (vgl. ebd.: 8). Singularisierung, als das Streben nach Einzigartigkeit und Außergewöhnlichkeit, ist nicht nur subjektiver Wunsch, sondern auch gesellschaftliche Erwartung (vgl. ebd.). Das Leitprinzip der liberalen Gesellschafts- und Kulturpolitik im 21. Jahrhundert ist die ‚kulturelle Vielfalt' (vgl. ebd.: 9). ‚Singularisierung' und ‚Singularität' als Phänomen durchziehen die gesamte Gesellschaft und sämtliche Dimensionen des Sozialen (Dinge, Objekte, Subjekte, Kollektive, Räumlich- und Zeitlichkeiten) (vgl. ebd.: 12). Die soziale Welt richtet sich zunehmend an Einzigartigkeiten aus (vgl. ebd.: 14). Als Ursachen für die tiefgreifende Transformation nennt Reckwitz die gesellschaftlichen Motoren und Singularisierungsgeneratoren Ökonomie und Technologie (vgl. ebd.: 15). Er veranschaulicht den Bruch zwischen der industriellen Moderne und Spätmoderne anhand des Strukturwandels der alten industriellen Ökonomie zum Kulturkapitalismus und der Ökonomie der Singularitäten (vgl. ebd.: 15 ff). Kultur transformiert zur globalen Hyperkultur (vgl. ebd.: 16). Die leitende These des Buches lautet: ‚In der Spätmoderne findet ein gesellschaftlicher Strukturwandel statt, der darin besteht, das die soziale Logik des Allgemeinen ihre Vorherrschaft verliert an die soziale Logik des Besonderen' (ebd.: 11). Leitend für Reckwitz Theorie der Spätmoderne ist die Unterscheidung zwischen Allgemeinem und Besonderem. Das Allgemeine und das Besondere sind sozial fabriziert (vgl. ebd.). Aufgabe des Buches ist ‚die Muster, Typen und Konstellationen herauszuarbeiten, die sich in der sozialen Fabrikation von Einzigartigkeiten ergeben' (ebd.: 13). Dabei verfolgt er drei Strukturmomente: den Aufstieg des Kulturkapitalismus, den Siegeszug der digitalen Medientechnologien und die Authentizitätsrevolution der neuen Mittelklasse (vgl. ebd.: 19). Er betrachtet die Veränderungen der sozialen Logik, die Entwicklung und spezifischen Strukturen der Spätmoderne und dessen gesellschaftliche Auswirkungen (vgl. ebd.: 20). Reckwitz schließt seine Überlegungen mit der Frage nach einer Krise des Allgemeinen (vgl. ebd.). Das Buch hat einen gesellschaftstheoretischen Anspruch und dient ‚als Knotenpunkt in einem Netzwerk'. (vgl. ebd.: 25).

Eigener Gedanke:

Reckwitz Gedanken hinsichtlich Kultur und Kulturverständnis scheinen auf den ersten Blick von aktueller Relevanz (Kulturkämpfe). Es wird sich im Verlaufe des Buches herausstellen in wie weit er die komplizierte Situation der globalen Hyperkultur und des Kulturessenzialismus erfasst und behandelt. Seine Analyse beschränkt sich nicht auf Deutschland, sondern auf die westlichen Gesellschaften, was einen umfassenderen Blick auf die Thematik eröffnet. Denn: der gesellschaftliche Wandel ist ein globales Phänomen. Reckwitz geht der Frage nach einer neuen Klassengesellschaft nach, einer neuen Mittel- und Unterschicht. Der Maßstab des Besonderen oder Einzigartigen an dem sich das Individuum und die Gesellschaft orientiert hängt jedoch einem wichtigen Faktor ab, den zur Verfügung stehenden Ressourcen. Singularität als ein Phänomen reicher Gesellschaften.

1. Die Moderne zwischen der sozialen Logik des Allgemeinen und des Besonderen (Seite 27)

Soziale Logik des Allgemeinen versus soziale Logik des Besonderen (vgl. Reckwitz 2018: 27). Die soziale Logik des Allgemeinen (Fordisierung, Normativierung, Organisation) ist mit formaler Rationalisierung verbunden, die soziale Logik des Besonderen mit Kulturalisierung und Affektintensivierung (vgl. ebd.). In der industriellen Moderne hatten Prozesse des Allgemeinen die Vorherrschaft. In der Spätmoderne hingegen wandelte sich Rationalisierung zu einer Hintergrundstruktur und Singularisierung wurde leitend sowie strukturgebend (vgl. ebd.).

1.1 Die soziale Logik des Allgemeinen (Seite 28-46)

Reckwitz untersucht die zentralen Merkmale der modernen Gesellschaft. Struktureller Kern ist die soziale Logik des Allgemeinen (vgl. ebd.: 28). Zentraler Prozess der Moderne ist die formale Rationalisierung (vgl. ebd.). Die Moderne und soziale Logik des Allgemeinen ist durch vier soziale Praktiken gekennzeichnet und orientiert sich am ‚doing generality' (Allgemeinisierung): Praktiken der Beobachtung, der Bewertung, der Hervorbringung und Aneignung (vgl. ebd.: 29). Die soziale Welt setzt sich aus Praktiken zusammen, die auf Typisierungen beruhen (vgl. ebd.: 31). Zum Gegenstand der Rationalisierung werden Einheiten des Sozialen wie Objekte (zweckrational), Subjekte (als Gegenstand gesellschaftlicher Disziplinierung), Kollektive (Organisation als Zweckverband), Räume (seriell, extensiv) und Zeiten (zukunftsorientiert, affektiv reduziert) (vgl. ebd.: 38 ff.). Im Prozess der Rationalisierung werden sie immer wieder generalisiert, formalisiert und standardisiert (vgl. ebd.: 33). Das Ziel des modernen Rationalisierungsprojektes ist die Optimierung, Steigerung der Effizienz und systematische Verbesserung (vgl. ebd.: 33 f.). Die Einheiten des sozialen partizipieren, strukturieren und bilden sich an den sozialen Praktiken heraus (vgl. ebd.:37). Die formale Rationalisierung der Gesellschaft beinhaltet drei Formen in denen die soziale Logik des Allgemeinen operiert: Standardisierung (technische Rationalisierung), Formalisierung (normative Rationalisierung) und Generalisierung (kognitive Rationalisierung). Reckwitz teilt die Geschichte der Moderne in drei Phasen ein: die bürgerliche-, die organisierte-/industrielle- und die Spätmoderne (vgl. ebd.). Er führt die (Industrielle) Moderne als Prototyp der sozialen Logik des Allgemeinen auf (vgl. ebd.: 42). Zentral ist die soziale Gleichförmigkeit und eine Entsingularisierung des Sozialen (vgl. ebd.: 46).

1.2 Die soziale Logik des Besonderen (Seite 47-74)

Zentral für die Existenz spätmoderner Gesellschaften ist die soziale Logik des Besonderen (vgl. ebd.: 48). Reckwitz unterscheidet drei Formen des Besonderen: das Allgemein-Besondere, die Idiosynkrasie und die Singularität (vgl. ebd.). Mit Hilfe des Allgemeinen lässt sich durch Praktiken im Modus der Typisierung das Besondere klassifizieren (vgl. ebd.). Das Besondere als das Allgemein-Besondere ist in diesem Zusammenhang das konkrete Allgemeine, eine Variation des Gleichartigen (vgl. ebd.:49). Es existiert in Rangfolgen von qualitativen Differenzen und Skalen von quantitativen Differenzen (vgl. ebd.). Idiosynkrasien sind jene Entitäten der Welt, welche sich nicht in Begriffe oder Schemata des Allgemeinen eingliedern lassen (vgl. ebd.). Es handelt sich um Eigentümlichkeiten (vgl. ebd.). Singularitäten sind sozialkulturell fabrizierte Einzigartigkeiten (vgl. ebd.: 51). Alle drei beschriebenen Formen des Besonderen sind ineinander transformierbar (vgl. ebd.: 56). Singularitäten hängen von Praktiken der Singularisierung ab, dem Beobachten, Bewerten, Hervorbringung und Aneignung. Sie orientieren sich am Prozess des ‚doing singularity' (vgl. ebd.: 64). Singularisiert werden alle Einheiten des Sozialen: Subjekte, Objekte, Kollektive (zu Gemeinschaften mit kulturellem Eigenwert),

Räumlichkeiten (werden zu Orten/Identifikationsräumen) und Zeitlichkeiten (Ereignisse) (vgl. ebd.: 61 ff.). Zentrale Grundlage der der Singularisierung ist, dass die Einheiten des Sozialen als Eigenkomplexität mit innerer Dichte erfasst werden (vgl. ebd.: 52). Nicht zuletzt kann das Verständnis für Singularitäten auch hochgradig umstritten sein und zu Konflikten führen (vgl. ebd.: 66). Die Praktiken der Valorisierung bewerten welche Entitäten tatsächlich als singulär anerkannt werden (vgl. ebd.). Der soziale Praxismodus der Singularität nimmt die Form einer Aufführung an mit dem zentralen Charakteristikum der Performativität (vgl. ebd.: 72). In letzterem geht es darum etwas oder sich selbst vor einem Publikum aufzuführen, was dadurch für die Teilnehmer oder ‚Zuschauer' einen kulturellen Wert erlangt (vgl. ebd.). Dabei spielt die Affektintensität und die Affizierung eine wichtige Rolle: Ohne Affizierung keine Singularitäten (vgl. ebd.: 73).

Eigener Gedanke:
Reckwitz entfernt sich von dem Begriff des Individualismus, da er nicht dienlich zur Unterscheidung zwischen sozialer Logik des Allgemeinen und Singularitäten scheint. Er bezeichnet ihn als zu mehrdeutig und gleichzeitig zu eng, da er zu subjektfixiert ist. Das erscheint seiner Meinung nach sinnvoll, da die soziale Fabrikation von Singularitäten alle Einheiten des Sozialen umfasst und nicht nur das Subjekt (vgl. ebd.: 57). Da aber eben auch explizit die Einheit des Subjektes betroffen ist und somit Individualisierung einbezogen werden kann bildet sich hier ein Widerspruch. Des Weiteren führt Reckwitz die zwei Logiken als konkurrierende Systeme vor, betont jedoch das einer gesellschaftlichen Struktur bedarf, welche wiederum das Allgemeingültige bevorzugen. Viele seiner Gedanken äußert er mehrmals wiederholt nur anders ausgedrückt.

1.3 Kultur und Kulturalisierung (Seite 75-92)

Die Einheiten des Sozialen (singuläre Subjekte, Objekte, Orte, Ereignisse und Kollektive) bilden mit den zugehörigen Praktiken (Beobachten, Bewerten, Hervorbringen und Aneignen) die Kultursphäre der Gesellschaft (vgl. Reckwitz 2018: 75). Reckwitz wertorientierter Kulturbegriff kann in zwei Weisen, in denen Einheiten des Sozialen gesellschaftlich formatiert werden, unterschieden werden: als Kulturqualität (Zuschreiben von Wert) oder als funktionale, standardisierte und generalisierte Einheiten des Sozialen mit instrumentellem Nutzen (vgl. ebd.: 79). In der Kultursphäre finden Prozesse der Valorisierung/Entvalorisierung und Affizierung statt (vgl. ebd.: 77). Reckwitz Annahme ist, dass jene gesellschaftlich singularisierte Einheiten des Sozialen Qualitäten erhalten um im sozialen Kontext zu Einheiten der Kultur zu werden – zu Kultureinheiten. Der Prozess der Singularisierung ist ein Prozess der Kulturalisierung. Besonders von Bedeutung für die Kultureinheiten ist die Praktik der Bewertung bzw. der Prozess Valorisierung (des Zuschreibens oder Absprechens von Wert bzw. Eigenkomplexität) (vgl. ebd.: 78). Die Einheiten des Sozialen werden durch ihre anerkannte Eigenkomplexität wertvoll und erhalten einen Selbstzweck (vgl. ebd.). Reckwitz interpretiert Werte als Teil von gesellschaftlichen Zirkulationsdynamiken, die häufig auch konflikthaft sind und zu Kulturkämpfen (Valorisierungskämpfen) führen (vgl. ebd.: 80). Er spricht von Rationalisierung und Kulturalisierung als zwei konträren gesellschaftlichen Strukturierungsprinzipien (vgl. ebd.: 84). Kulturalisierung ist der gesellschaftliche Prozess, in dem die Einheiten des Sozialen singularisiert werden (vgl. ebd.: 84 f.). Reckwitz deutet Rationalisierung als Antwort auf ein Effizienz- und Ordnungsproblem, sowie die Kulturalisierung des Sozialen als Antwort auf ein gesellschaftliches Sinn- und Motivationsproblem (vgl. ebd.: 86). Er unterscheidet fünf Qualitäten die an sozialen Einheiten valorisiert werden können: Die ästhetische und narrativ-hermeneutische, ethische, gestalterische und ludische Qualität (vgl. ebd.:87 ff.). Die Kulturalisierung des Sozialen enthält spezifische Prozesse der Narrativisierung, Ästhetisierung, Ethisierung, Kreativisierung und Ludifizierung des Sozialen (vgl. ebd.: 92).

1.4 Die Transformation der Kultursphäre (Seite 92-110)

Reckwitz Gesellschaftstheorie geht von einer Doppelstruktur der Vergesellschaftung aus: formale Rationalisierung und Kulturalisierung (vgl. ebd.: 92). Er untersucht die historische Entwicklung und Phasen der Transformation der Kultursphäre. Die Romantik der bürgerlichen Moderne unterwirft die Welt einem umfassenden Singularisierungsprozess: Romantik als Kulturalisierung der Welt (vgl. ebd.: 99). Reckwitz stellt in der Spätmoderne eine Transformation fest: die einst untergeordnete soziale Logik der Singularitäten bzw. Kulturalisierung und Affektintensivierung wird strukturbildende Form (vgl. ebd.: 103). Entsprechend wird die soziale Logik des Allgemeinen zu einer Hintergrundstruktur (einer Infrastruktur für Besonderheiten) (vgl. ebd.). Als Ursachen für die gesellschaftliche Transformation zur Gesellschaft der Singularitäten führt Reckwitz drei Faktoren auf, welche sich gegenseitig verstärken: Die soziokulturelle Authentizitätsrevolution, die Transformation der Ökonomie zu einer postindustriellen Ökonomie der Singularitäten und die technische Revolution der Digitalisierung (vgl. ebd.). Im Zentrum des Wandels steht die neue Mittelklasse. Der Kulturkapitalismus und die digitalen Computernetzwerke institutionalisieren die Singularitäten als kulturelle Singularitätsmärkte (vgl. ebd.: 106). Dabei gliedern sich die Singularitäten in eine Struktur kompetitiver Singularitäten ein (vgl. ebd.). Diese Märkte sind im Kern Sichtbarkeits-, Valorisierungs- und Affizierungsmärkte. Genauer: Attraktivitätsmärkte, auf denen spezifische Akkumulation von Singularisierungskapital stattfinden kann (vgl. ebd.: 107). Das damit verbundene ‚Profil' wird zur zentralen Form der Kultur der Spätmoderne (vgl. ebd.). Die Kultur in der neuen Mittelklasse erhält die charakteristische Form der Hyperkultur (vgl. ebd.: 108). Die Gesellschaft der Singularitäten bringt neue soziale und kulturelle Polarisierungen hervor (vgl. ebd.). Polarisierungen sind unmittelbare Konsequenzen der Singularisierungslogik und Ergebnis der gesellschaftlichen Bewertung sowie der Prozesse der Valorisierung und Entwertung (vgl. ebd.). Dabei unterscheidet Reckwitz fünf Polarisierungsebenen: Die Polarisierung der Güter, der Arbeitsverhältnisse, der sozialen Räume, Polarisierung von Klassen und Lebensstilen und die politische Polarisierung (vgl. ebd.: 109 f.). Ergebnis der Polarisierungen sind charakteristische Konflikte um die Kultur (vgl. ebd.).

Eigener Gedanke:
Reckwitz geht sehr theoretisch vor jedoch wenig kritisch. Clusterartig springt er wieder oft auf bereits erwähnte Inhalte zurück und beschreibt auf repetitive Weise den selben Gedanken. Dennoch stellt der Autor eine umfassende Theorie von Kultur und Kulturalisierung vor und webt diese anhand der Geschichte bis in die Gegenwart ein. Reckwitz knüpft erneut an gesellschaftliche Gruppen und den Klassenbegriff an und entwickelt aufgrund des singularistisch-kulturellen Strukturwandels ein neues Konzept kultureller Klassen. Er hebt die singularistische Mittelklasse besonders hervor, dies gilt es im weiteren Verlauf des Buches zu verfolgen.

2. Die postindustrielle Ökonomie der Singularitäten (Seite 111-119)

Reckwitz stellt beginnend der 1980er Jahre eine Transformation der Ökonomie der standardisierten Massengüter zu einer Ökonomie der Singularitäten fest (vgl. Reckwitz 2018: 111). Der Strukturwandel findet anhand der Singularisierung und Kulturalisierung von funktionalen Gütern zu Gütern mit kulturellem Wert und Qualitäten statt (vgl. ebd.). Die Ökonomie des industriell Allgemeinen wurde nun durch eine Ökonomie des kulturell Besonderen abgelöst (vgl. ebd.: 113). Einer Ökonomie der Singularitäten bzw. des Kulturkapitalismus (vgl. ebd.). Die Ausrichtung wechselte zu Affektgütern, zur kulturellen, kreativen Arbeit, kulturellen Produktion und Konsum und Singularitätsmärkten bzw. Affektivitätsmärkte (vgl. ebd.: 114). Der industrielle Kern der Singularisierung und Kulturalisierung der Ökonomie der Spätmoderne besteht aus der ‚creative economy', als treibende Kraft der postindustriellen Wirtschaft (vgl. ebd.: 115). Produziert und konsumiert werden ‚kulturelle Güter in ihren Besonderheiten als Narrationen, Bedeutungen, Identitäten, Affekte und Emotionen, ästhetisches Erleben, ethische Güter, Spiele und Gestaltungen' (ebd.: 118).

2.1 Einzigartigkeitsgüter im Kulturkapitalismus (Seite 119-147)

Reckwitz erläutert vier Gütertypen, die in der Spätmoderne an Relevanz gewonnen haben: Dinge, Dienstleistungen, Ereignisse bzw. Events und mediale Formate (vgl. ebd.: 120). Kulturelle Güter versprechen positive Affizierung, daher bezeichnet Reckwitz sie als Affektgüter (vgl. ebd.: 121). Affektgüter besitzen narrativ-hermeneutische, ästhetisch-sinnliche, ethische, gestalterische oder ludische Eigenschaften und werden daraufhin valorisiert (vgl. ebd.). Neben funktionalem Nutzen und kulturellem Wert existiert das soziale Prestige (die Wirkung auf Dritte) (vgl. ebd.). Kulturelle Güter der Spätmoderne sind überwiegend singuläre Güter (vgl. ebd.: 126). Um als einzigartig anerkannt zu werden brauch ein Gut zwei Eigenschaften: Originalität und Rarität (vgl. ebd.). Die Singularisierung der kulturellen Güter gilt für alle Gütertypen und findet entlang der Kriterien Originalität und Rarität statt (vgl. ebd.: 129). Die Originalität eines Gutes zeichnet sich durch eigenkomplexe Dichte und absolute qualitative Differenz (Andersheit) aus (vgl. ebd.: 127). Rarität zeichnet sich durch Seltenheit (Exklusive) und Einmaligkeit aus (vgl. ebd.: 128). Originalität ist eine notwendige Bedingung für Singularität, Rarität lediglich ein hinzukommender beeinflussender Faktor (vgl. ebd.). Da ökonomische Güter alle fabriziert werden und auf Märkten zirkulieren, ist Authentizität in der sozialen Welt als eine Authentizitätsperformanz zu analysieren – sie ist nicht Natur gegeben (vgl. ebd.: 138). Reckwitz begreift die Singularisierung von Gütern als einen Prozess der Authentifizierung (vgl. ebd.: 139). Die kulturellen Güter der Spätmoderne zirkulieren in einer globalen Hyperkultur (vgl. ebd.: 143). In der Hyperkultur wird eine kulturelle Singularität zu einem global zirkulierendem kulturellen Gut, das ins kompetitiven Wettbewerb zu anderen Gütern tritt und von Konsumenten angeeignet wird (vgl. ebd.). In der globalen Hyperkultur-Ökonomie ist die gesamte Welt zu einer kulturellen Ressource für die Generierung von Singularitätsgütern geworden (vgl. ebd.: 146).

Eigener Gedanke:
Reckwitz Begriff des Authentischen meint das Gegenteil des Künstlichen, er bezeichnet es als das „Echte" (vgl. ebd.: 138). Singularisierung ist zugleich Authentifizierung. Es ist jedoch in der heutigen modernen Welt des ‚Scheins' fraglich in wie weit Authentizität, als Phänomen der Echtheit, noch greifbar werden kann. Vielmehr verbirgt sich hinter moderner Authentizität ein Trugbild, dass nicht zuletzt für Vermarktungszwecke (miss-)braucht wird. Reckwitz betont daraufhin das Paradoxon, dass Authentizität im sozialen Raum nicht eigens existiert, sondern sozial fabriziert wird und damit die eigentliche

Bedeutung der Natürlichkeit weit verfehlt (vgl. ebd.). Im Hinblick auf die Wichtigkeit der Authentizitätsperformanz bzw. Authentizität für Reckwitz Theorie der Singularisierung widmet er sich dieser Thematik trotzdem wenig kritisch.

2.2 Kulturelle Singularitätsmärkte (Seite 147-179)

Reckwitz beobachtet eine Transformation der Märkte hin zu kulturellen Märkten (vgl. Reckwitz 2018: 147). Diese Singularitätsmärkte sind Attraktivitätsmärkte, auf denen Güter miteinander konkurrieren (vgl. ebd.: 147). Diese besitzen eine Struktur von unberechenbaren, affektiv grundierten Wettbewerben um Aufmerksamkeit und Anerkennung kultureller Güter (vgl. ebd.: 148). Die Ökonomie der Singularitäten ist eine performative Ökonomie mit Gütern als Aufführungen und Konsumenten als Publikum (vgl. ebd.: 149). Attraktivität bezieht sich auf die spezifische Anziehungskraft eines Gutes (vgl. ebd.: 150). Reckwitz bezeichnet den Strukturwandel der Ökonomie in der Spätmoderne als Kulturökonomisierung (vgl. ebd.). Der Strukturwandel des modernen ökonomischen Feldes zu Attraktivitätsmärkten wirkt sich in zwei Hinsichten aus: es findet eine Vermarktlichung der Ökonomie und eine Umformung des Marktes statt (vgl. ebd.: 151). Treibende Kraft der Vermarktlichung und Ökonomisierung ist ihre Kulturalisierung bzw. die Kulturökonomisierung (vgl. ebd.: 152). Parallel findet auch eine Kulturökonomisierung des Sozialen und der Gesellschaft statt. Zentral für die Marktlogik der Spätmoderne ist die breitflächige Institutionalisierung von Aufmerksamkeits- und Valorisierungsmärkten (vgl. ebd.: 154). Reckwitz stellt die These auf, dass Kunst zum Strukturmodell der spätmodernen Ökonomie avanciert, zur ‚Blaupause' (vgl. ebd.: 155). Kulturelle Märkte sind durch eine Überproduktion von Gütern charakterisiert. Die Gesellschaft ist geprägt durch Überfluss und konstitutive Verschwendung (vgl. ebd.: 156). Strukturbildende Herausforderung der Singularitäts-bzw. Aufmerksamkeitsmärkte ist die ungewisse Mobilisierung der Aufmerksamkeit des Publikums (vgl. ebd.: 158). In der Spätmoderne herrscht eine Knappheit der Aufmerksamkeit und Wertschätzung des Publikums (vgl. ebd.). Singularitäts- bzw. Aufmerksamkeitsmärkte sind hyperkompetitiv und extrem polarisierende Märkte mit einer Asymmetrie zwischen Gewinnern und Verlierern und durch extrem hohe Risiken und Spekulation gekennzeichnet (vgl. ebd.: 159 f.). Sichtbarkeit dient als zentrale Kategorie der Gesellschaft der Singularitäten (vgl. ebd.: 163). Reckwitz unterscheidet zwei Valorisierungstechniken, die kurzfristige und langfristige Valorisierung (vgl. ebd.: 166). Unter diesem Aspekt unterscheidet er die Typen der Güter hinsichtlich der Kurz- und Langfristigkeit der Bewertung, wobei eine spezifische Zeitstruktur kultureller Märkte entsteht (vgl. ebd.). Singularitätsgüter sind entweder eine kurzfristige Attraktion oder langfristige Attraktivität (vgl. ebd.). Charakteristisch für die Attraktivitätsmärkte kultureller Güter ist die kulturelle Kapitalisierung von Aufmerksamkeit und Reputation (vgl. ebd.: 172). Die Rezension, als Bewertung eines Singularitätsgutes, dient als mediales Schlüsselformat der Ökonomie der Singularitäten (vgl. ebd.: 167). Valorisierungs- oder Bewertungsinstanzen werden zwischen Experten und Laien unterschieden (vgl. ebd.: 168). Beim Prozess einer langfristig wirkenden Singularisierung akkumuliert ein valorisiertes Gut Singularitätskapital (vgl. ebd.: 169). Singularitätskapital ist als Kombination von Aufmerksamkeits- und Reputationskapital das kulturelle Kapital des Einzigartigen (vgl. ebd.: 172). Die Attraktivitätsmärkte bringen aufwändige Techniken der Quantifizierung hervor (vgl. ebd.: 174). Ziel ist es Informationen zur Aufmerksamkeitsdynamik als auch zur Wertzuschreibung zu erhalten (vgl. ebd.). Dabei wird die Eigenkomplexität der Singularitäten auf ausgewählte Vergleichsparameter reduziert (vgl. ebd.). Qualitätsrankings und Aufmerksamkeitsmessungen sollen die Entscheidung oder Wahl des Rezipienten vereinfachen und prägen (vgl. ebd.: 177 f.).

Eigener Gedanke:

Güter befinden sich in einem ständigen Kampf um Aufmerksamkeit und Sichtbarkeit. Unsichtbarkeit bzw. unsichtbar bleiben bedeutet demzufolge für Reckwitz den ‚sozialen Tot' (vgl. ebd.: 163). Dieser Vergleich ist interessant, da er impliziert das ein Gut (Objekt, Kollektiv, Ereignis etc.) für ein sozialen Tot auch ein soziales (Er-)Leben innehat. Dies trifft lediglich auf das Subjekt oder das Individuum zu und ist für ein Objekt oder gar Ereignis schwer vorstellbar oder nachvollziehbar. Damit verbunden macht sich Reckwitz hier wohl den sozialen Tot nicht wortwörtlich, sondern eher stilistisch als Umschreibung für einen Zustand zunutze. Sichtbarkeit oder Aufmerksamkeit als Ressource, die von einem Publikum gewährt wird, kann gelenkt und beeinflusst werden. Nicht zuletzt oder gerade deswegen macht sich die heutige Gesellschaft mit all ihren technologischen Möglichkeiten (Bsp. Social Media) dies zu nutze. Derweilen zählt nicht mehr nur was vermarktet wird, sondern vielmehr wer und wie es vermarktet wird.

3. Die Singularisierung der Arbeitswelt (Seite 181-186)

Reckwitz stellt in der postindustriellen Ökonomie auch eine Transformation der Praxis des Arbeitens, des Aufbaus der Organisationen und Kompetenzen, Wünsche und Anforderungen der arbeitenden Subjekte fest (vgl. Reckwitz 2018: 181). Der übergreifende Strukturwandel manifestiert sich als Singularisierung der Arbeitswelt (vgl. ebd.: 182). Durch die Kulturökonomisierung der Arbeitsformen wird in der creative economy Arbeitskraft zu einem Singularitätsgut auf dem kulturellen Markt und Arbeit zur kulturellen Produktion bzw. Kreativarbeit (vgl. ebd.). Das Arbeitssubjekt, als ein Bündel von Fähigkeiten und Talenten, sieht sich der Entwicklung eines erforderlich einzigartigen Profils von Kompetenzen und Potenzialen und der Erwartung einer nichtaustauschbaren Performanz gegenüber (vgl. ebd.). Es entfaltet sich eine Polarisierung der Arbeitswelt und strukturelle Polarität zwischen profaner Normalisierungsarbeit der ‚Dienstleistungsklasse' und wertschaffender Kreativarbeit der Hochqualifizierten (vgl. ebd.: 183 f.).

3.1 Praktiken des Arbeitens und Organisierens in der creative economy (Seite 186-200)

Die Transformation der industriellen Produktion zur kulturellen Produktion bildet den Typus der Kreativarbeit aus (vgl. ebd.). Kreative Arbeit enthält einen Eigenwert für die Arbeitssubjekte und wird damit zu einer Kulturpraxis (vgl. ebd.). Zentral für die Arbeit der kulturellen Produktion ist dabei die Erforschung und Mobilisierung des Publikums (vgl. ebd.: 191). Projekte bilden die reinste singularistische Form des Sozialen (vgl. ebd.: 193). Besonderes Merkmal der Projekte sind ihre zeitliche Begrenztheit mit dem Charakter eines Ereignisses (vgl. ebd.). Im Projekt agieren Subjekte als Singularitäten, als Persönlichkeiten mit kulturellen Kompetenzen und Erfahrungen (vgl. ebd.: 194). Die Pluralität dieser Singularitäten ist eine kooperative bzw. kollaborative Pluralität (vgl. ebd.). Projekte sind ein Beispiel für die soziale Form der heterogenen Kollaboration: Eine gemeinsame Praxis, in der mit kulturellem Eigenwert und affektiver Dichte zusammengearbeitet wird – eine Praxis des Zusammenwirkens (vgl. ebd.). Projekte sind nicht nur Plattform für Singularitäten, sondern besitzen selbst als Ensembles einen kulturellen und affektiven Identifikationswert (vgl. ebd.: 196). Organisationen entwickeln in der Spätmoderne eine Organisationskultur (vgl. ebd.: 198). Dabei führen sich Organisationen nach innen für ihre Mitarbeiter als einzigartig auf um Wert zugeschrieben zubekommen und auch die Ortsbindung der Organisationen wirkt singularisierend (vgl. ebd.). Netzwerke, als kreative Cluster, sind anders akzentuiert als Projekte und Gefüge von Beziehungen die mobilisiert werden können, wenn es um neue Projekte und Mitarbeit geht (vgl. ebd.: 199). Bei Netzwerken handelt es sich um eine Form der heterogenen Kollaboration und einer Hintergrundstruktur für Singularitäten, basierend auf der Diversität der Teilnehmer (vgl. ebd.: 200).

3.2 Die Selbst- und Fremdsingularisierung der Arbeitssubjekte (Seite 201-223)

In der Wissens- und Kulturökonomie ist Arbeit mit starker intrinsischer Motivation verbunden (vgl. ebd.: 201). Reckwitz beobachtet ein Wandel der motivationalen Struktur der Arbeit und eine grundsätzliche Transformation des Systems der Subjektivierung (vgl. ebd.). Das postindustrielle Arbeitssystem basiert nun auf den Kriterien der Kompetenz/des Potentials, des Profils und der Performanz (statt einzig auf sachlicher Leistung) (vgl. ebd.). Besonderheit wird systematisch kultiviert und erwartet wird eine außergewöhnliche Performanz (vgl. ebd.: 202). Reckwitz bezeichnet die Subjekte der Ökonomie der Singularitäten als ‚Profil-Subjekte' (vgl. ebd.: 204). Das Profil umfasst eine Kombination verschiedener Eigenschaften des Individuums die ein identifizierbares Ganzes ergeben (vgl. ebd.). Es sichert nach innen Eigenkomplexität und nach außen Unterscheidbarkeit und ist ein Produkt sozialer Zuschreibung (vgl. ebd.: 205). Kompetenzen müssen zwei Eigenschaften innehaben: Vielseitigkeit und Kohärenz (vgl. ebd.). In der Performanz manifestiert alles was das Arbeitssubjekt ausmacht: das Bündel an Kompetenzen und Potenzialen (vgl. ebd.). Damit die Performanz gelingt benötigt es Authentizität bzw. den Eindruck von Echtheit und einer authentischen Persönlichkeit (vgl. ebd.). Aufgrund der Ausdifferenzierung vieler singulärer Profile ergibt sich die hyperkompetitive Konstellation eines Kampfes um Sichtbarkeit und Wertschätzung (vgl. ebd.: 212). Die singularistische Arbeitskultur hat eine Reihe von Spannungsfeldern zur Folge (vgl. ebd.). Die Verwettbewerblichung erzeugt zwischen den hochqualifizierten Arbeitssubjekten ein asymmetrisches Verteilungsmuster von Prestige und Einkommen – eine Asymmetrie zwischen erfolgreichen und austauschbaren Individuen (vgl. ebd.: 219).

Eigener Gedanke:
Reckwitz verdeutlicht in diesem Kapitel die Auswirkungen des Strukturwandels der Arbeitskultur. Auffallend ist, dass er sich jedoch einzig mit Spannungsfeldern welche negative Auswirkungen haben beschäftigt. Positive Veränderungen bzw. Auswirkungen lässt er jedoch im Vergleich zu negativen weitestgehend unbeachtet und unerklärt. Gerade die Austauschbarkeit der Rollen in der industriellen Moderne lieferte viele Nachteile für das Subjekt, hingegen birgt die Nichtaustauschbarkeit der Arbeitssubjekte der Spätmoderne (und damit der zugeschriebene Wert der Person) doch Vorteile für eben diese. Arbeit an sich hat ihre Gestalt, ihr Wesen und ihre Bedeutung verändert, wie auch Reckwitz argumentiert (vgl. ebd.: 219), allein dieser Aspekt zwingt letztlich das Individuum sich diesen Veränderungen anzupassen um auf dem Markt Bestand zu haben und letztlich sich selbst der Singularisierung zu unterwerfen.

4. Digitalisierung als Singularisierung: Der Aufstieg der Kulturmaschine (Seite 225-229)

Die Transformation zur Gesellschaft der Singularitäten ist sowohl im Strukturwandel der Ökonomie, als auch im Strukturwandel der technologischen Systeme zu begründen (vgl. Reckwitz 2018: 226). In der Spätmoderne wird moderne Technologie zur ‚Kulturmaschine' (vgl. ebd.: 227). Die industriell-mechanische Technik avanciert zu einer Technologie der Kulturalisierung als Motor der Fabrikation von Singularitäten (vgl. ebd.: 228).

4.1 Die Technologie der Kulturalisierung (Seite 229-243)

Reckwitz benennt drei Verfahren aus denen sich der neue technologische Komplex zusammensetzt: Computing, Digitalisierung medialer Formate und kommunikative Vernetzung (vgl. ebd.: 230). Als grundlegendstes Merkmal der neuen Technologien zählt die Ubiquität der Daten und Informationen, sowie Kulturobjekte und Kulturformate (vgl. ebd.: 233). Bei Technologien in deren Zentrum die Produktion, Zirkulation und Rezeption von Formaten der Kultur steht handelt es sich um eine ‚Kulturmaschine' (vgl. ebd.: 234). In der digitalen Welt zirkulieren Bilder, Texte, Klänge und Spiele und werden vor einem Publikum performed (vgl. ebd.: 236). Reckwitz charakterisiert die digitale Kulturmaschine durch fünf Merkmale. Erstens, das Hervorbringen einer strukturellen Asymmetrie zwischen extremer Überproduktion von Kulturformaten und einer Knappheit der Aufmerksamkeit der Rezipienten (vgl. ebd.: 238 f.). Zweitens, die Generalisierung der Rolle des Kulturproduzenten und des Kulturkonsumenten (Publikums) (vgl. ebd.: 239). Drittens, einer Enthierarchisierung der Kulturformate bzw. der Abbau der Hierarchien in der digitalen Welt, wobei alle Kulturformate sich auf einer Ebene befinden (vgl. ebd.: 240). Viertens, eine Verzeitlichung der Kulturformate. Das Internet ist geprägt durch Gleichzeitigkeit, Neuartigkeit und Aktualisierung (vgl. ebd.: 241 f.). Letztlich Fünftens, herrscht eine Kultur der Rekombination und Rekontextualisierung (vgl. ebd.: 242).

4.2 Kulturelle und maschinelle Singularisierungsprozesse (Seite 243-271)

Die technischen Komponenten des digitalen Netzes (Algorithmen, Digitalität und Universalität des Internets) bilden die Infrastruktur zur Singularisierung. Dabei unterscheidet Reckwitz kulturelle und maschinelle Singularisierungen (vgl. ebd.: 243). In den Prozeduren der kulturellen und maschinellen Singularisierung werden Subjekte als modularische oder kompositorische Singularität fabriziert, zusammengesetzt aus einzelnen unterschiedlichen Elementen bzw. Modulen (vgl. ebd.: 245). Aus der Komposition der einzelnen Module wird das Profil des Subjektes entwickelt (vgl. ebd.). Das Format des Profils ist für die digitale Singularisierung grundlegend (vgl. ebd.: 248). Das Profil, als eine Komposition von Text- und Bildelementen, dient der Demonstration von Besonderheit und Nichtaustauschbarkeit des Subjektes (vgl. ebd.). Unverwechselbarkeit baut sich im Profil als kompositorische Singularität auf (vgl. ebd.: 249). Das Publikum schließlich singularisiert ein Profil durch Wertschätzung und Aufmerksamkeit (z.B. Likes) (vgl. ebd.: 252). Das digitale Computernetz avanciert zum rein maschinellen algorithmischen Beobachtungssystem, welches versucht die Subjekte in ihrer Besonderheit zu erfassen (vgl. ebd.: 253). Diese digitale Verfahren sind apparative Systeme der Beobachtung und prozessieren (Massen-)Daten, die Big Data (vgl. ebd.). Ziel der maschinellen Singularisierung Vorhersagen über zukünftiges Verhalten tätigen zu können (vgl. ebd.: 256). Profile der maschinellen Singularisierung sind damit Beobachtungsprofile (vgl. ebd.: 257). Auch Objekte und Dinge werden im digitalen Computernetz durch maschinell-algorithmische und durch die Subjekte mit Hilfe der digitalen Instrumente singularisiert (vgl. ebd.: 258). Ersteres durch die ‚Personalisierung des Internets', durch eine Singularisierung der

Objektwelt entlang der Wünsche und Interessen des Subjektes (vgl. ebd.: 260). Letzteres als ein Effekt der Handhabung der Software (Softwarisierung) der Objekte (vgl. ebd.: 258). Im Netz entstehen eine Vielzahl partikularer Kollektive, den digitalen Neogemeinschaften (vgl. ebd.: 261). Diese singularisieren sich als Kollektive und sind mit hoher Wertzuschreibung und intensiver Affektivität verbunden (vgl. ebd.). In der digitalen Welt existieren drei singularistische Formen des Sozialen nebeneinander: heterogene Kollaborationen (und Netzwerke), Singularitätsmärkte und Neogemeinschaften (Wahlgemeinschaften) (vgl. ebd.: 262). Auch hier erarbeitet Reckwitz Spannungsfelder welche das digitale Computernetz erzeugt, wie z.b. die soziale Erwartung von Einzigartigkeit und der Profilierungszwang (Originalitäts-, Kreativitäts-, und Erlebniszwang (vgl. ebd.: 266 ff.).

Eigener Gedanke:
Reckwitz spricht ähnlich wie beim Attraktivitätsmarkt vom digitalen Tod, der mit Unsichtbarkeit eintritt (vgl. ebd.: 247). Es muss jedoch betont werden, dass das Internet der Unsichtbarkeit eine vollkommen neue Bedeutung zuweist: die Anonymität. Unmittelbare Auswirkung der Anonymität ist nicht zwingend der digitale Tod, sondern fungiert als digitaler Schutz. Des Weiteren spricht Reckwitz beiläufig ein markantes Merkmal von Neogemeinschaften an, welches diese gerade so interessant und vor allem aktuell macht: Das Individuum erhält allein durch das partizipieren einen Wert, ein Zugehörigkeitsgefühl und verliert dadurch den Status als Einzelkämpfer. Dieser (wie auch Reckwitz es nennt) zwar ‚abgeleitete Wert' ist ihm sicher im Vergleich zur großen Ungewissheit der Attraktivitätsmärkte (vgl. ebd.: 265).

5. Die singularistische Lebensführung: Lebensstile, Klassen, Subjektformen (Seite 273-285)

Die spätmoderne Gesellschaft der Singularitäten ist eine kulturelle Klassengesellschaft (vgl. Reckwitz 2018: 275). Das spätmoderne Subjekt bewegt sich in einer sozial-kulturellen Klasse, der neuen akademischen Mittelklasse (vgl. ebd.: 274). Dieses Milieu besitzt ein hohes kulturelles Kapital und befindet sich im Feld der Wissens- und Kulturökonomie (vgl. ebd.). Parameter des Lebensstils dieser Klasse sind Authentizität, Selbstverwirklichung, kulturelle Offenheit, Diversität, Lebensqualität und Kreativität (vgl. ebd.: 275). Die kulturellen Klassen unterscheiden sich hinsichtlich ihrer materiellen Ressourcen, Lebensstile und des kulturellen Kapitals (vgl. ebd.). Es bildet sich eine Polarität zwischen hohem und niedrigem kulturellen und ökonomischen Kapital – zwischen der neuen Mittelklasse und der neuen Unterklasse (vgl. ebd.: 277). Zentrales Merkmal welches die Sozialstruktur der spätmodernen Gesellschaft prägt ist die Polarisierung auf der Ebene von Bildung und kulturellem Kapital (vgl. ebd.: 280). Reckwitz nennt noch zwei weitere relevante Klassen: die Oberklasse und die alte nichtakademische Mittelklasse (vgl. ebd.: 281). Die Sozialstruktur der Spätmoderne ist durch den ‚Paternostereffekt' charakterisiert (vgl. ebd.: 282). Der Paternostereffekt handelt von der parallelen Entwicklung der jeweiligen sozialen Gruppe – einem kulturellen Aufstieg der neuen Mittelklasse und Abstieg der neuen Unterklasse (vgl. ebd.: 283).

5.1 Der Lebensstil der neuen Mittelklasse: Erfolgreiche Selbstverwirklichung (Seite 285-308)

In der neuen Mittelklasse gehen zwei antipodische kulturelle Muster eine Synthese ein, der Lebensstil der Romantik und der Bürgerlichkeit (vgl. ebd.: 285). Es werden bürgerliche Statusorientierung und romantische Selbstverwirklichung zusammengeführt und von der Formel der erfolgreichen Selbstverwirklichung zusammengehalten (vgl. ebd.: 289). Das Ideal der Selbstverwirklichung prägt den Lebensstil des spätmodernen Subjekts der neuen Mittelklasse (vgl. ebd.). Unterschieden wird in die weltabgewandte Selbstverwirklichung (das Selbst als Gegenstand extensiver Selbstexploration) und die weltzugewandte Selbstverwirklichung (im Umgang mit der Welt) (vgl. ebd.: 291). Es findet eine Valorisierung und Kulturalisierung der Alltagspraxis statt (vgl. ebd.: 292). Dabei kulturalisiert und singularisiert das spätmoderne Subjekt sich selbst als Resultat einer einzigartigen Komposition seiner alltäglichen Praktiken und deren Einzigartigkeiten (vgl. ebd.: 293 f.). Reckwitz bezeichnet dies als kompositorische Singularität des spätmodernen Selbst (vgl. ebd.: 294). Das spätmoderne Subjekt der neuen Mittelklasse handelt in der Haltung eines Kurators gegenüber seiner Welt und seinem Leben (vgl. ebd.: 295). Das Subjekt kuratiert einzelne Aktivitäten sowie sein Leben im Ganzen (vgl. ebd.: 296). Der kulturelle Aktivismus (passiver Konsum und aktive Praxis) ist für den Lebensstil der Subjekte der neuen Mittelklasse zentral (vgl. ebd.: 298). Die gesamte Welt-Kultur wird vom singularistischen Lebensstil der neuen Mittelklasse als Ressource für die eigene Selbstverwirklichung behandelt (vgl. ebd.). In dieser Hyperkultur zirkulieren die Elemente global und transhistorisch (vgl. ebd.). Das Subjekt der neuen Mittelklasse ist durch einen Kulturkosmopolitismus charakterisiert (vgl. ebd.: 302). Gegenüber dem Kosmopolitismus steht der Provinzialismus (vgl. ebd.). Notwendiger Hintergrund für die Kulturalisierung und Singularisierung ist die permanente Investition in sozialen Status (vgl. ebd.: 303). Diese Statusinvestition betrifft das kulturelle Kapital, das ökonomische Kapital und das soziale Kapital (in Form von Netzwerkkapital) (vgl. ebd.: 304). Eine weitere Ressource ist das psychophysische Subjektkapital (die Arbeit an der physischen und psychischen Struktur des Subjektes) (vgl. ebd.: 305). Zentral für diese Selbstoptimierung ist die Statusinvestition in Gesundheit und Fitness, Arbeit an der eignen psychischen

Stabilität, Entwicklungs- und Entfaltungsmöglichkeiten und der physischen Attraktivität (vgl. ebd.). Das kuratierte Leben verschafft soziales Prestige indem es für andere sichtbar und performed wird (vgl. ebd.: 306). Singularität wandelt sich in Singularitätsprestige durch die Darstellung von Selbstverwirklichung und Authentizität vor anderen (vgl. ebd.). Mit dem Aneignen von wertvollen Gütern gewinnt das Subjekt an Wert: es findet ein Valorisierungstransfer statt (vgl. ebd.: 308).

Eigener Gedanke:
Reckwitz wendet sich hinsichtlich der diagnostizierten kulturellen Klassengesellschaft ausführlich der ‚neuen Mittelklasse' zu. Fast klischeehaft teilt er die Gesellschaft in eine Drei-Drittel-Gesellschaft (vgl. ebd.: 282). Die Oberklasse findet dabei nur eine kurze Erwähnung als Resultat der Winner-takes-it-all Prozesse ohne das Reckwitz detaillierter darauf eingeht (vgl. ebd.: 281). Die Oberklasse ist durch ihr ökonomisches und soziales Kapital von der neuen Mittelklasse zu unterscheiden. Wo genau jedoch diese Grenzen der Differenzierung verlaufen und warum er sie mit der akademischen Mittelklasse im Drei-Drittel-Modell zusammenführt lässt Reckwitz vorerst offen. Die alte nichtakademische Mittelklasse bildet das mittlere Drittel des Modells (vgl. ebd.). Ein möglicher Gedankengang wäre, dass diese alte Mittelklasse in der Spätmoderne gar nicht mehr als solche existiert und sie sich viel mehr in der neuen Mittelklasse und Unterklasse aufteilt.

5.2 Bausteine des singularistischen Lebensstils (Seite 273-285)

Einige Komplexe von Praktiken sind für den Lebensstil der neuen Mittelklasse von besonderer Bedeutung daher geht Reckwitz exemplarisch auf einige ein. Dazu gehören Praktiken des Essens bzw. der Ernährung, des Wohnens bzw. der Wohnung, des Reisens, des Körpers und der Erziehung bzw. Schulbildung (vgl. Reckwitz 2018: 308). Diese Bereiche werden zu Gegenständen der kuratorischen Singularisierung und Kulturalisierung und zu Kulturpraktiken umgeformt (vgl. ebd.). Essen ist zu einem Gegenstand der Sorge, des Genusses, Erlebens, des Wissens, der Kompetenzen, der Performanz und des sozialen Prestiges geworden und beinhaltet eine identitätsbildende Kraft (vgl. ebd.: 309). Das zweite zentrale Interessenfeld der neuen Mittelklasse ist das Wohnen – als Quelle spätmoderner Identität (vgl. ebd.: 314). Die Sorge um das Wohnen umfasst zwei Aspekte: den Ort und die Gestaltung der Wohnung, wobei das Wohnen kulturalisiert und singularisiert wird (vgl. ebd.: 315). Die kuratierte Wohnung wird zu einem Präsentations- und Erlebnisort der globalen Hyperkultur und ein performativer Ort der Selbstverwirklichung (vgl. ebd.: 319). Zentrale und identitätsstiftende Beschäftigung des Subjektes der neuen Mittelklasse ist das Reisen (vgl. ebd.: 320). Reckwitz bezeichnet das Reisen als Schlüsselpraxis in der Lebensführung der Akademikerklasse und deren kosmopolitischen Bewusstseins (vgl. ebd.). Reisen ist eine kulturalisierende und singularisierende Aktivität (vgl. ebd.: 321). Die Singularisierung des spätmodernen Reisens in eine Singularisierung des Raums und der Zeit (vgl. ebd.: 322). Reisen dient auch als Statusinvestition und performative Selbstverwirklichung: Reisen fördert soziales Prestige und erhöht das Singularitätskapital (vgl. ebd.: 324). Ein weiterer Gegenstand des singularistischen Lebensstils ist der Körper (vgl. ebd.: 325). Dabei erfolgt eine Singularisierung und Kulturalisierung über umfassende Bemühungen der Selbstoptimierung (Fitness und Gesundheit), der Arbeit am physischen Erscheinungsbild und körperorientierter Bewegungskulturen (vgl. ebd.: 326 ff.). Zu den wichtigsten Motiven der Lebensführung der neuen Mittelklasse zählen ihr Wunsch nach Selbstentfaltung und das Streben nach sozialem Prestige (vgl. ebd.: 330). Die sozialstrukturelle und kulturelle Polarisierung der Spätmoderne zeigt sich ebenfalls im Bereich Erziehung und Schule (vgl. ebd.: 331). Die Erziehungspraxis der neuen Mittelklasse ist ein Singularisierungsprogramm des Kindes (vgl. ebd.). Dabei kommen weltzugewandte Selbstverwirklichung und Statusinvestition zusammen (vgl. ebd.: 332). Schulbildung avanciert zu einem kulturellen Gut mit Singularitätsanspruch dessen Konsumenten die Familien der neuen Mittelklasse sind (vgl. ebd.: 334). Reckwitz beschäftigt sich mit verschiedenen Querschnittsmerkmalen der Lebensführung der neuen Mittelklasse wie dem Stellenwert der Arbeit, Familie und Freizeit, dem soziale Raum, Jugend und Altern, dem Umgang mit Geschlechtern und die politische Haltung sowie deren Stellenwert (vgl. ebd.). Die Work-Life-Balance manifestiert sich durch eine strukturelle Angleichung von Arbeit und Privatsphäre (vgl. ebd.: 336). Der singularistische Lebensstil ist geprägt durch Urbanität (vgl. ebd.: 337). Auf kultureller Ebene findet ein Prozess der Juvenilisierung statt (vgl. ebd.). Ebenfalls findet in der neuen Mittelklasse auf erster Ebene ein Prozess des Degendering statt (vgl. ebd.: 339). Die Akademikerklasse teilt eine gemeinsame Weltanschauung die eng mit ihrem Lebensstil verbunden ist (vgl. ebd.: 340). Dieser Neue Liberalismus enthält die Bestandteile Meritokratismus, Lebensqualität und Kosmopolitismus (vgl. ebd.). Die weltzugewandte Selbstentfaltung und mitlaufende soziale Statusinvestition verursacht ebenfalls Spannungsfelder (vgl. ebd.: 342). Reckwitz bezeichnet dies als ‚Romantik-Status-Dilemma' der neuen Mittelklasse (vgl. ebd.). Unteranderem folgt Selbstüberforderung und Selbstzwang, unerfüllte subjektive Erwartungen und negative resultierende Emotionen bis hin zu dem charakteristischen Krankheitsbild der Moderne: der Depression (vgl. ebd.: 343 ff.). Demgegenüber stellt die Spätmoderne Kultur kaum kulturelle Ressourcen zur Enttäuschungstoleranz und Bewältigung zur Verfügung (vgl. ebd.). Biografisches Scheitern wird in die Selbstverantwortung des Einzelnen gestellt (vgl. ebd.: 348).

Eigener Gedanke:
Reckwitz beschreibt ausführlich ausgewählte Bausteine singularistischer Lebensführung. Warum er sich jedoch nur auf diese fünf beschränkt bleibt offen. Reckwitz vermittelt den Gedanken, dass sich die Bausteine an den jeweils vorherrschenden Gesellschaftsprozess anpassen: Das bedeutet, das während Industrialisierung die Bausteine Ernährung und Körper funktionalistisch und zweckorientiert geprägt waren. In der singularistischen Gesellschaft hingegen, sich auch die Praktiken singularisieren. Auffallend ist, dass alle Bausteine den Charakter der Performativität besitzen. Das Subjekt will sich über die einzelnen Praktiken singularisieren und vor der Außenwelt als Einzigartig performen. Somit sind diese Praktiken doch letztlich auch nicht mehr als Mittel zum Zweck.

5.3 Die Kulturalisierung der Ungleichheit (Seite 350-370)

Entgegen der neuen Mittelklasse und dem Modell der erfolgreichen Selbstverwirklichung steht die neue Unterklasse mit ihrer Lebensform, die von der Alltagslogik des ‚muddling through' strukturiert ist – eine Gruppe der Absteiger (vgl. Reckwitz 2018: 350 f.). Die Polarisierung zwischen den beiden Klassen betrifft eine soziale Ungleichheit von materiellen Ressourcen und einen Gegensatz der kulturellen Logiken der Lebensführung (vgl. ebd.). Grundlegend für die Lebensform der Unterklasse ist ein rein instrumentelles Verhältnis zur Arbeit und die Selbstdisziplin (vgl. ebd.: 352). Die Unterklasse teilt sich in die ‚respektable' Unterklasse und die subproletarische Unterklasse im sozialen Abseits (vgl. ebd.: 355). Die gesellschaftliche Entvalorisierung der Güter und Praktiken übersetzt sich in der neuen Unterklasse in eine Entvalorisierung der Subjekte (vgl. ebd.). Austragungsorte der Entvalorisierung sind das Feld der Arbeit, die Ernährung, der Körper und die Bildung und Erziehung (vgl. ebd.). Die Unterklasse ist ein Milieu der schlechten Ernährung, der problematischen Körper, der strikten Disziplin und Ordnung (vgl. ebd.: 356 f.). In der Spätmoderne erscheint die Unterklasse als ein Ort der ‚schlechten' Kultur (vgl. ebd.: 359). So bildete sich in der postindustriellen Gesellschaft ein negatives Klassenbewusstsein heraus (vgl. ebd.: 361). Abwehrstrategien bzw. Gegenstrategien der neuen Unterklasse gegen die Entwertung sind die Imagination eines singulären Aufstiegs qua Talent, das Hervorbringen illegitimer Singularitäten und plebejischer Authentizitäten (vgl. 361 f.). Reckwitz wendet sich schließlich dem Gesamttableau der postindustriellen Sozialstruktur zu. Die Oberklasse verfügt über ein besonders hohes ökonomisches Kapital und beinhaltet Mitglieder einer globalen, internationalen Klasse (Professionen der globalen Funktionselite und Kreativstars) (vgl. ebd.: 364). Zwischen der neuen expandierenden Mittelklasse und Unterklasse befindet sich eingezwängt die alte, nichtakademische Mittelklasse und bildet das mittlere Segment der Drei-Drittel-Gesellschaft (vgl. ebd.: 366). Kennzeichnend sind ein mittleres ökonomisches und kulturelles Kapital (vgl. ebd.). Leitend ist die Doppelformel von Statusinvestition und Selbstdisziplin (vgl. ebd.). Die alte Mittelklasse zeichnet sich durch hohe Sesshaftigkeit, einem identitätsstiftenden Familienleben und traditioneller Arbeitsteilung der Geschlechter aus (vgl. ebd.: 367). Reckwitz bezeichnet die alte Mittelklasse als ‚Umschlagsort' des sozialkulturellen Paternosters, da sie ihre Substanz an die neue Mittel und Unterklasse verliert (vgl. ebd.). Die Grenzen zur neuen Unterklasse werden fließend und die alte, nichtakademische Mittelklasse zum Gegenstand eines Prozesses kultureller Entwertung (vgl. ebd.: 368).

Eigener Gedanke:
Reckwitz geht nun auch ausführlicher auf die anderen zwei Klassen der Klassengesellschaft ein und stellt die Oberklasse und alte, nichtakademische Mittelklasse vor. Dadurch das die Grenzen der Klassen zueinander jedoch so fließend verlaufen (Reckwitz beschreibt das vor allem bei der alten Mittelklasse hin zur Unterklasse und neuen Mittelklasse) ist es fraglich ob ein Modell der Klassengesellschaft überhaupt noch der Sinnhaftigkeit entspricht. Wenn Klassen eher fluiden Formationen ähneln und sich auch hinsichtlich ihrer Struktur so verhalten, hat entweder der altehrwürdige Klassenbegriff sich einem Wandel unterzogen oder die Gesellschaft.

6. Differenzieller Liberalismus und Kulturessenzialismus: Der Wandel des Politischen

(Seite 371-374)

Reckwitz untersucht wie sich Kulturalisierung und Singularisierung des Sozialen auf das Feld der Politik auswirkt. Die Politik des Allgemeinen wird in der Spätmoderne durch eine Politik des Besonderen ersetzt (vgl. Reckwitz 2018: 371). Die Kulturalisierung der Politik findet in zwei Hinsichten statt. Erstens, die Form des Regierens ist an Wettbewerbsstrukturen und kultureller Diversität orientiert: die Politik eines apertistischen und differenziellen Liberalismus (vgl. ebd.). Zweitens, auf globaler Ebene ein Kulturessenzialismus oder Kulturkommunitarismus (vgl. ebd.: 372). Der apertistisch-differenzielle Liberalismus behandelt Kultur kosmopolitisch als Ressource für Lebensqualität und Wettbewerbsfähigkeit und steht seiner konträren politischen Form dem Kulturessenzialismus, der Kultur als Grundlage von historischen oder ethnischen Gemeinschaften und als Kriterium der Abgrenzung nach außen betrachtet, gegenüber (vgl. ebd.). der apertistisch-differenzielle Liberalismus forciert kulturorientierte Gouvernementalität und treibt die kulturelle Globalisierung aktiv voran, der Kulturessenzialismus hingegen verfolgt eine Identitätspolitik und positioniert sich gegen die Wirkung der Globalisierung (vgl. ebd.). Der apertistisch-differenzielle Liberalismus setzt auf Differenzen der Performanz und Diversität der Kultur, der Kulturessenzialismus auf die Partikularität der kulturellen Gemeinschaften (vgl. ebd.).

6.1 Apertistisch-differenzieller Liberalismus und die Politik des Lokalen (Seite 374-393)

Der neue Liberalismus hat eine primär wirtschafts- und sozialpolitische Dimension und eine gesellschaftspolitische Dimension, welche sich zu einem politischen Paradigma umfassender Liberalisierung vereinen (vgl. ebd.: 375). Die wettbewerbsorientierte und unternehmerische Politik des neuen Liberalismus ist an die globale Entgrenzung der Märkte, an postindustrielle Arbeitsformen und permanenten Innovationen angepasst (vgl. ebd.: 376). Der Neoliberalismus trägt zur Singularisierung des Sozialen bei (vgl. ebd.: 377). Zentrales Ziel ist die Stärkung von Wettbewerbsfähigkeit in einer Konstellation der entgrenzten Märkte (vgl. ebd.). Wichtigstes Betätigungsfeld des neuer Liberalismus ist die regionale und urbane Ebene (vgl. ebd.: 379). Wichtigstes Betätigungsfeld der Politik der Lebensqualität ist die Ökologie und der Schutz des natürlichen Lebensraumes (vgl. ebd.: 380). Reckwitz bezeichnet die Politik des Wettbewerbsstaates und die Politik der kulturellen Diversität als die zwei Gesichter des neuen apertistisch-differenziellen Liberalismus (vgl. ebd.: 381). Diese finden in der spätmodernen Politik der Städte zu einer Synthese (vgl. ebd.). Die spätmoderne Politik der Städte ist eine Form urbanen Regierens bzw. einer kulturorientierten Gouvernementalität (vgl. ebd.). Der Globalisierungsprozess bescherte der subnationalen Ebene des Lokalen einen politischen Einflusszugewinn (vgl. ebd.: 383). Urbane Zentren werden zu Knotenpunkten der Globalisierung (vgl. ebd.). In der Spätmoderne formen sich Großstädte und Metropolen als besondere Orte, Träger eines eigenen Wertes und werden zum Gegenstand von Valorisierung und Authentifizierung (vgl. ebd.: 384). Die neue Mittelklasse erweist sich als zentral für die Singularisierung des Urbanen (vgl ebd.: 385). Die Stadt wird nicht mehr als funktionale Einheit betrachtet, sondern als ein Gebilde das über affektiv anziehende Qualitäten verfügt (vgl. ebd.: 386). Reckwitz spricht von einem ‚neuen Urbanismus' (vgl. ebd.). Städte verwandeln sich in kulturelle Singularitätsgüter des Raums und befinden sich im Wettbewerb um Sichtbarkeit, Valorisierung und Aufmerksamkeit mit anderen Städten (vgl. ebd.: 387). Ein regionaler und globaler Attraktivitätsmarkt um Bewohner und Besucher (vgl. ebd.). Eine der wichtigsten Säulen des innovationsorientierten Wettbewerbsstaates ist die spätmoderne Stadtpolitik, die im Kern Singularitätsmanagement betreibt (vgl. ebd.: 388). Aufgrund des Attraktivitätswettbewerbs des Urbanen und der kultur- und wettbewerbsorientierten Stadtpolitik entstehen eine Reihe von Spannungsfeldern: Konflikte zwischen den Valorisierungssphären   von außen (dem globalen Sichtbarkeitsmarkt) und innen (der Lebensqualität der Bewohner), die spannungsreiche Logik des Winner-takes-it-all-Marktes und dem Paternostereffekt auf der Ebene der sozialen Räume (einer Polarisierung zwischen Boomstädten und abgehängten regionalen Peripherien) (vgl. ebd.: 391 ff.). (vgl. ebd.: 392).

Eigener Gedanke:
Reckwitz erläutert einen politischen Antagonismus zwischen liberaler Hyperkultur und kommunitaristischen Kulturessenzialismus. Die Politik weicht dem Allgemeinen und wendet sich dem Besonderen zu. Auch hier liefert Reckwitz eine Bandbreite an Theorie und Begrifflichkeiten. In der Spätmoderne richtet sich das Interesse weniger nach innen, sondern immer mehr nach außen. Auch Städte befinden sich nun in einer globalen Konkurrenzsituation (vgl. ebd.: 387). Folglich findet ein politischer Paradigmenwechsel statt, wobei sich die Politik am Besonderen ausrichtet mit dem Streben nach der Einzigartigkeit des jeweiligen urbanen Raums.

6.2 Der Aufstieg des Kulturessenzialismus (Seite 394-428)

Der apertistisch-differenzielle Liberalismus ist die dominante Form der spätmodernen Politik (vgl. Reckwitz 2018: 394). Als politische Gegentendenz entwickelte sich ein globaler Kuturessenzialismus und Kulturkommunitarismus (vgl. ebd.). Darin unterscheidet Reckwitz vier Typen: ethnische Gemeinschaften, einen Kulturnationalismus, einen religiösen Fundamentalismus und Rechtspopulismus (vgl. ebd.). Träger des Wertes ist ein Kollektiv, bzw. das eigene Kollektiv als kulturelle Einheit (vgl. ebd.: 395). Der kulturellen Gemeinschaft wird von ihren Teilnehmern ein intrinsischer Eigenwert zugeschrieben (vgl. ebd.: 396). Für die Kulturalisierung und Singularisierung der Communities ist die Grenze zwischen Innen und Außen zentral (vgl. ebd.). Die kulturelle Gemeinschaft teilt eine kollektive Identität nach innen, welche positiv affizierend wirkt (vgl. ebd.: 397). Dabei sind drei Ebenen der Identitätsstiftung von Bedeutung: Geschichte, Raum und Ethik (vgl. ebd. 397 f.). Partikulare Neogemeinschaften entsingularisieren das Individuum in Form der Entscheidung für eine Community (vgl. ebd.: 400). Zwischen Kulturkommunitaristen und Hyperkultur ergeben sich Kulturkonflikte (vgl. ebd.: 418). Die kulturellen und essenzialistischen Gemeinschaften, die Identitätspolitik, Kulturnationalismen, Rechtspopulismen und religiösen Fundamentalismen werben auf einem globalen Markt der Identitäten um Attraktivität und letztlich Anhänger (vgl. ebd.). Das Modell der Kombinierbarkeit und Hybridisierbarkeit der Kultur ist das Gegenteil des Kulturmodells der homogenen Gemeinschaft der Essenzialisten (vgl. ebd.). Die kulturessenzialistischen Bewegungen sind Resultat systematischer Enttäuschungserfahrungen der Hyperkultur oder eine Mobilisierung der Peripherien gegen das Zentrum (vgl. ebd.: 419). Als politische Herausforderung des Liberalismus gilt es dem Kulturessenzialismus zu begegnen und auf die sozialen und kulturellen Entwertungsprozesse zu antworten (vgl. ebd.: 423). Terroranschläge und Amokläufe setzen gezielt das staatliche Gewaltmonopol außer Kraft (vgl. ebd.). Dabei handelt es sich um demonstrative Gewalt (vgl. ebd.: 424). Terroranschläge sind mit einem politischen Motiv verknüpft, Amokläufe hingegen mit persönlichen Motiven (vgl. ebd.). Die Gewaltdemonstrationen machen sich die Mechanismen des Sichtbarkeitsmarktes für Singularitäten zunutze (vgl. ebd.: 425). Es handelt sich um Akte die vor einem anonymen Publikum der Gesamtgesellschaft stattfinden welche sich über digitalen Medien erreichen lassen (vgl. ebd.). Die Gewaltdemonstrationen zielen auf negative Affektivität in extremen Ausmaß und machen sich die Logik der spätmodernen Sichtbarkeitsmärkte zunutze (vgl. ebd.: 426). Die Gewaltinszenierungen werden so zu negativen Singularitäten (vgl. ebd.).

7. Schluss: Die Krise des Allgemeinen? (Seite 374-393)

Zum Schluss vernimmt Reckwitz ein Resümee, gibt einen Ausblick und stellt sich die Frage ob die strukturbildende Kraft der sozialen Logik der Singularitäten das Projekt der Moderne langsam zersetzt. Zentrales Problem der modernen Gesellschaft ist die Relation zwischen einer sozialen Logik des Allgemeinen und einer sozialen Logik des Besonderen (vgl. ebd.: 430). Reckwitz diagnostiziert drei Krisenmomente der Spätmoderne: eine Krise der Anerkennung, eine Krise der Selbstverwirklichung und eine Krise des Politischen (vgl. ebd.: 432). Die Krise der Anerkennung entsteht aus der Transformation zu postindustriellen Ökonomie der Singularitäten, welche durch eine sozial-materiele und kulturelle Polarisierung der Lebensstile gekennzeichnet ist (vgl. ebd.: 433). Die Krise der Selbstverwirklichung bezieht sich auf die Lebensführung (vgl. ebd.). Dieser Lebensstil ist Motor für Autonomie und Wunscherfüllungserfahrungen und gleichzeitig Enttäuschungsgenerator und Quelle von

Defiziterfahrungen (vgl. ebd.: 434). Die Krise des Politischen ergibt sich aus dem Verlust an gesamtgesellschaftlichen Steuerungsvermögen und staatlicher Grundfunktionen (vgl. ebd.: 434). Alle drei Krisen sind Ausformungen einer Krise des Allgemeinen (vgl. ebd.: 435). Entscheidende Herausforderung wäre ein neues Paradigma, der regulative Liberalismus, welches das Soziale hinsichtlich sozialer Ungleichheit sowie das Kulturelle bzw. den Arbeitsmarkt hinsichtlich der Sicherung allgemeiner kultureller Güter und Normen reguliert (vgl. ebd.). Die elementare Dynamik der Gesellschaft der Singularitäten bildet sich aus dem hyperkulturellen Dreieck der Ökonomie der Singularitäten, der Kulturmaschine der digitalen Technologien und des singularistischen Lebensstils der neuen Mittelklasse (vgl. ebd.: 442).

Eigener Gedanke:
Religionen oder Gemeinschaften fungieren auch aktuell als Kompensation oder Kompensationsort. Reckwitz verdeutlicht, dass das Individuum in Religionen Erlösung sucht (vgl. ebd.: 411). Aber auch Erlösung vom alltäglichen Kampf um Wert und Sichtbarkeit oder als spirituelle bzw. zusätzliche Komponente des kuratierten Lebensstils. Gemeinschaften der Spätmoderne dienen nicht zuletzt als Zufluchtsort der nicht mehr erträglichen Selbstverantwortung. Auch der ‚Kampf der Kulturen', der von einem politischen Ethnopluralismus ausgeht, ist in Verbindung mit der derzeitigen Migrationsproblematik von entsprechender Aktualität (vgl. ebd.: 417). Hierbei sollte jedoch vermerkt werden, dass der Kampf der Kulturen kein neuzeitliches oder spätmodernes Phänomen ist, sondern auch in anderen gesellschaftlichen Zeiten zu finden ist. Reckwitz bringt Terror- und Amokläufe bzw. Gewalttaten in Verbindung mit Sichtbarkeitsmärkten und bezeichnet sie als ‚negative Singularitäten' (vgl. ebd.: 426). Jedoch auch Terrorakte und Amokläufe manifestieren sich nicht nur in der Spätmoderne, sind jedoch besonders präsent durch die (digitalen) Medien. Anhand des Schlusswortes von Reckwitz findet seine Analyse des Ist-Zustandes der Gesellschaft nun auch einen Ausblick auf eine mögliche aber wage Zukunft. Eine Krise stellt letztlich auch ein Wendepunkt dar, für dessen Basis Reckwitz ein 500 Seiten langen Theorierahmen entwickelt hat.

Literaturverzeichnis:

Reckwitz (2018)

Reckwitz, Andreas (2018): Die Gesellschaft der Singularitäten. Zum Strukturwandel der Moderne (6.Auflage). Suhrkamp Verlag, Berlin.

BEI GRIN MACHT SICH IHR WISSEN BEZAHLT

- Wir veröffentlichen Ihre Hausarbeit,
  Bachelor- und Masterarbeit

- Ihr eigenes eBook und Buch -
  weltweit in allen wichtigen Shops

- Verdienen Sie an jedem Verkauf

Jetzt bei www.GRIN.com hochladen
und kostenlos publizieren